# POKÉMON™

## ¿DÓNDE ESTÁ PIKACHU?

### BUSCA Y ENCUENTRA

*Altea*

El papel utilizado para la impresión de este libro ha sido fabricado a partir de madera
procedente de bosques y plantaciones gestionadas con los más altos estándares ambientales,
garantizando una explotación de los recursos sostenible con el medio ambiente y beneficiosa para las personas.

**¿Dónde está Pikachu?**

Título original: *Pikachu recontre Évoli*

Primera edición en España: noviembre, 2022
Primera edición en México: diciembre, 2022

© 2022 Pokémon ©1995-2022 Nintendo / Creatures Inc. / GAME FREAK Inc. TM, ®,
and character names are trademarks of Nintendo.

Publicado por Penguin Random House Grupo Editorial, S. A. U.
Travessera de Gràcia, 47-49, 08021, Barcelona

D. R. © 2022, derechos de edición mundiales en lengua castellana:
Penguin Random House Grupo Editorial, S. A. de C. V.
Blvd. Miguel de Cervantes Saavedra núm. 301, 1er piso,
colonia Granada, alcaldía Miguel Hidalgo, C. P. 11520,
Ciudad de México

penguinlibros.com

Aurore Meyer, por la redacción
Guilhem Salines, por las ilustraciones
Fabrice Malbert, por el diseño de interiores
Traducido por Alícia Astorza Ligero

ISBN: 978-607-382-592-4

Impreso en México – **Printed in Mexico**

Esta obra se terminó de imprimir en los talleres de Impresora Tauro, S.A. de C.V.
Av. Año de Juárez 343, col. Granjas San Antonio, c.p. 09070, Ciudad de México

# ÍNDICE

¡A JUGAR!

## EN EL BOSQUE

Hoy Eevee salió a pasear con Pikachu, porque quiere que descubra a todas sus evoluciones.
Mientras recorren un bosque de bambú, se topan con Leafeon, el Pokémon Verdor, y se ponen a jugar las escondidas. ¿Podrás encontrar a Pikachu y a Eevee?

ENCUENTRA A:

Pikachu     Eevee     Leafeon

¡UN PARAÍSO ESPECTACULAR!

Los dos amigos vuelven a encontrarse en el prado donde vive Sylveon, un Pokémon encantador que tiene un moño. Eevee y Pikachu empiezan a corretear entre las flores. ¡A ver si los atrapas!

ENCUENTRA A:

Pikachu     Eevee     Sylveon

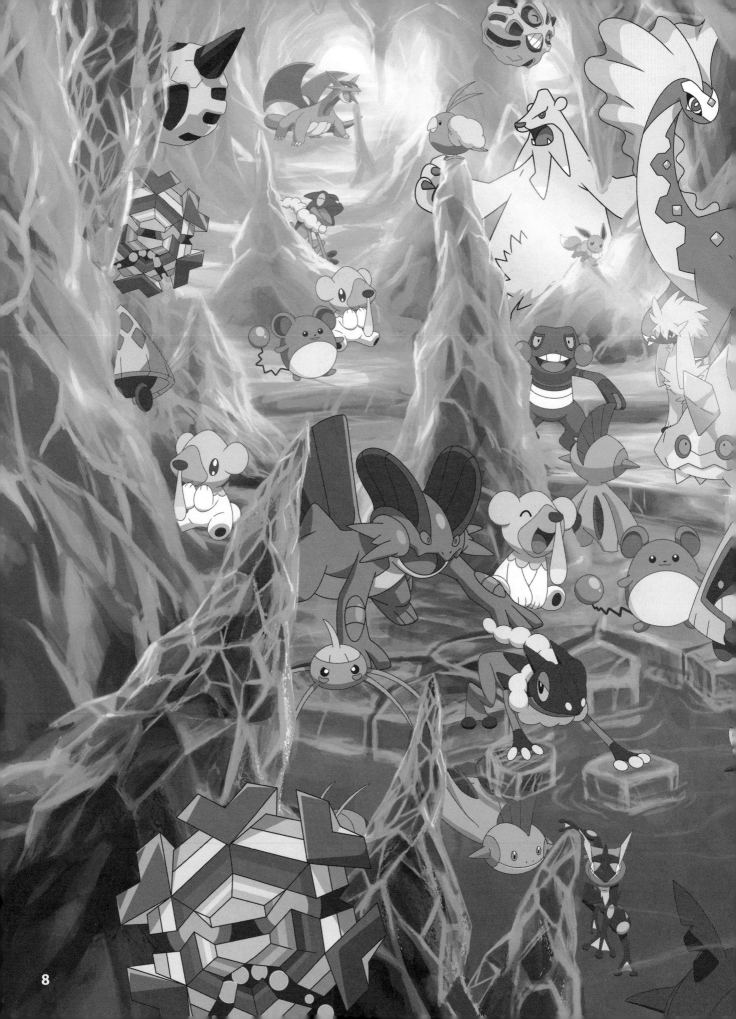

## UN MUNDO DE HIELO

A continuación, ¡nuestros amigos llegan al camino que conduce al palacio de hielo de Glaceon! Está durmiendo tranquilamente, y a su alrededor hay un montón de Pokémon divirtiéndose. Pero ¿dónde se escondieron Eevee y Pikachu ahora?

ENCUENTRA A:

Pikachu     Eevee     Glaceon

9

# EL LAGO SUBTERRÁNEO

Mientras Eevee y Pikachu avanzan por el hielo marino, descubren el reino de Vaporeon, el Pokémon de tipo Agua. ¡Los Pokémon juegan con las algas y chapotean en las cascadas! ¿Ves a Pikachu y a Eevee?

**ENCUENTRA A:**

Pikachu    Eevee    Vaporeon

## A LA LUZ DE LAS VELAS

Después de irse del lago, ¡los dos amigos llegan al palacio de los Pokémon de tipo Psíquico! Aunque es un lugar muy misterioso, Espeon los tranquiliza y los acompaña hasta la salida. Pero ¿dónde se han metido esta vez?

**ENCUENTRA A:**

Pikachu

Eevee

Espeon

# UNA GALERÍA SUBTERRÁNEA

Para salir, primero hay que atravesar una cueva oscura, pero Flareon les ilumina el camino con su llama, y así nuestros héroes pueden ver muchos Pokémon... ¡y la luz del día por fin!

**ENCUENTRA A:**

Pikachu    Eevee    Flareon

## AVISO DE TORMENTA

Sin embargo, ¡afuera les espera una fuerte tormenta eléctrica! Jolteon y el resto de los Pokémon de tipo Eléctrico se lo están pasando genial, mientras que los demás Pokémon intentan refugiarse. ¿Qué es esa misteriosa silueta que hay en el acantilado?

**ENCUENTRA A:**

Pikachu    Eevee    Jolteon

# UN ESPECTÁCULO MÁGICO

¡Es Umbreon, el Pokémon de tipo Siniestro! Y está de celebración con sus amigos en esta bonita noche estrellada. Se están divirtiendo mucho, y Pikachu le agradece a Eevee que lo haya llevado a hacer un viaje tan increíble. Pero... ¿dónde están?

**ENCUENTRA A:**

Pikachu

Eevee

Umbreon

## ⊙ RETO MÁXIMO

¿Completaste todas las misiones y encontraste a todos los Pokémon en cada escena? ¡Ahora intenta superar este reto, que es solo para los mejores Entrenadores Pokémon!

Yveltal

## EL RETO DE LOS LEGENDARIOS

Xerneas

**Yveltal y Xerneas están escondidos en las páginas de esta historia.**

¡A VER SI LOS ENCUENTRAS!

## PIKACHU

Si cree que está en peligro, disparará una potente descarga eléctrica desde las bolsas de sus mejillas. Su cola en forma de rayo puede atraer los relámpagos durante una tormenta.

Pichu ➔ **Pikachu** ➔ Raichu

**CATEGORÍA:**
POKÉMON RATÓN

**TIPO:** ELÉCTRICO

**ALTURA:** 0,4 M

**PESO:** 6,0 KG

**CATEGORÍA:**
POKÉMON EVOLUCIÓN

**TIPO:** NORMAL

**ALTURA:** 0,3 M

**PESO:** 6,5 KG

## EEVEE

La espectacular capacidad de adaptación de Eevee le permite evolucionar a diferentes Pokémon según su entorno. Eso hace que sea capaz de resistir condiciones extremas.

**Eevee** ➔ Vaporeon, Jolteon, Flareon, Espeon, Umbreon, Leafeon, Glaceon o Sylveon

# ESTAS SON LAS OCHO EVOLUCIONES DE EEVEE:

## VAPOREON

La estructura celular de Vaporeon se parece a la de las moléculas del agua, y por eso puede hacerse invisible en los entornos acuáticos. Le encantan las playas bonitas.

**CATEGORÍA:**
POKÉMON BURBUJA

**TIPO:** AGUA

**ALTURA:** 1,0 M

**PESO:** 29,0 KG

**CATEGORÍA:**
POKÉMON RELÁMPAGO

**TIPO:** ELÉCTRICO

**ALTURA:** 0,8 M

**PESO:** 24,5 KG

## JOLTEON

Si se le eriza el pelaje de golpe significa que está recargando su electricidad. Absorbe y acumula la electricidad que hay a su alrededor para poder lanzar potentes ataques.

## FLAREON

La saca de fuego de su interior alimenta las llamas de este ardiente Pokémon. Cuando se prepara para combatir, su temperatura corporal puede llegar hasta los 1,700 °C.

**CATEGORÍA:**
POKÉMON LLAMA

**TIPO:** FUEGO

**ALTURA:** 0,9 M

**PESO:** 25,0 KG

## ESPEON

La increíble sensibilidad del pelaje de Espeon le permite detectar hasta el más mínimo movimiento en el aire. Es capaz de percibir los cambios en el clima y puede predecir los ataques de sus enemigos.

**CATEGORÍA:**
**POKÉMON SOL**

**TIPO: PSÍQUICO**

**ALTURA: 0,9 M**

**PESO: 26,5 KG**

**CATEGORÍA:**
**POKÉMON LUZ LUNAR**

**TIPO: SINIESTRO**

**ALTURA: 1,0 M**

**PESO: 27,0 KG**

## UMBREON

La luz de la luna influye en la estructura genética de Umbreon. En las noches de luna llena, los anillos que tiene en el pelaje desprenden un suave resplandor.

## LEAFEON

Cuando Leafeon absorbe la luz del sol para hacer la fotosíntesis, emite un aire puro y fresco. A menudo se echa la siesta en lugares soleados para recuperar fuerzas.

**CATEGORÍA:**
**POKÉMON VERDOR**

**TIPO: PLANTA**

**ALTURA: 1,0 M**

**PESO: 25,5 KG**

**CATEGORÍA:**
**POKÉMON NIEVE FRESCA**

**TIPO: HIELO**

**ALTURA: 0,8 M**

**PESO: 25,9 KG**

## GLACEON

Este gélido Pokémon tiene un poder espectacular sobre su temperatura corporal. Es capaz de congelar su propio pelaje y, con un movimiento, lanzar pelos de hielo que se convierten en auténticas armas contra sus enemigos.

## SYLVEON

Para evitar que los demás combatan, Sylveon crea un entorno agradable mediante sus antenas en forma de cinta. Le gusta envolver las antenas alrededor del brazo de su Entrenador cuando caminan juntos.

**CATEGORÍA:**
**POKÉMON VÍNCULO**

**TIPO: HADA**

**ALTURA: 1,5 M**

**PESO: 23,5 KG**

## 🔴 TEST POKÉMON

¿Lo sabes todo sobre los Pokémon? ¿Estás listo para convertirte en un gran Entrenador? ¡Responde a estas preguntas para descubrirlo!

**1** Encuentra como mínimo a tres Pokémon de tipo Agua en las páginas 8-9.

**2** ¿Los siguientes Pokémon son de tipo Agua?
- ☐ Sí  ☐ No

**3** ¿Sceptile mide más de dos metros?
- ☐ Sí  ☐ No

**4** Soy la evolución de Froakie. ¿Quién soy?
**Una pista:** me puedes encontrar en las páginas 10-11.
- ☐ Croagunk  ☐ Frogadier

**5** ¿Cuál de estos Pokémon no es de tipo Hielo?
- ☐ Glaceon  ☐ Snorunt  ☐ Wobbuffet

**6** Numera los siguientes Pokémon en orden de evolución:
- ☐ Mega-Garchomp  ☐ Gabite  ☐ Gible  ☐ Garchomp

**Soluciones: 1)** Por ejemplo, Froakie, Frogadier, Greninja, Squirtle, etc. **2)** No, Croagunk es de tipo Veneno-Lucha, **3)** No, mide 1,7 m. **4)** Frogadier, **5)** Wobbuffet es de tipo Psíquico. **6)** Gible, Gabite, Garchomp, Mega-Garchomp.

# EXPLORA EL MUNDO DE LOS POKÉMON

Los Pokémon viven en unos entornos espectaculares..., pero ¡las escenas de esta historia se han mezclado! Uno de estos fragmentos no aparece en el libro. ¿Sabes cuál es?

## PIKACHU Y SUS AMIGOS
### ¡Eevee y Pikachu se conocieron en el bosque!

PREGUNTA N° 1: Pero ¿dónde está Pikachu? ¡Encuéntralo!

PREGUNTA N° 2: Pikachu es un Pokémon de tipo...
☐ Fuego ☐ Eléctrico ☐ Siniestro

PREGUNTA N° 3: ¿Cuál es la evolución de Pikachu?

PREGUNTA N° 4: La cola en forma de rayo de Pikachu a veces atrae los relámpagos. ¿Verdadero o falso?

PREGUNTA N° 5: ¿Pikachu tiene el mismo número de dedos en las patas traseras que en las delanteras?

**Observa la ilustración con mucha atención durante dos minutos y luego gira la página...**

**Soluciones: 1)** Está arriba a la izquierda, detrás de Pichu. **2)** Eléctrico. **3)** Raichu.
**4)** Verdadero. **5)** No, tiene cinco dedos en las patas delanteras y tres en las traseras.

## 🔴 HABILIDADES DE OBSERVACIÓN

¿Te fijaste bien en la escena de la página anterior?
¿Seguro? ¡Vamos a comprobarlo! Indica si las siguientes
afirmaciones son verdaderas o falsas sin girar la página.

| | V | F |
|---|---|---|
| Ash aparece en la escena. | ☐ | ☐ |
| Los Pokémon están en el agua. | ☐ | ☐ |
| Hay dos Pichu. | ☐ | ☐ |
| Pikachu está tumbado. | ☐ | ☐ |
| Ivysaur aparece en la escena. | ☐ | ☐ |
| Chespin está sonriendo. | ☐ | ☐ |
| Hay más de diez Pokémon. | ☐ | ☐ |

## 🔴 ADIVINANZAS

Ahora relaciona cada Pokémon con su descripción.

**ADIVINANZA 1**
Las lucecitas de mi cuerpo deslumbran a mis enemigos.

**ADIVINANZA 2**
Conmigo se pueden abrir todas las puertas...

**ADIVINANZA 3**
Intento intimidar a mis rivales, pero ¡soy demasiado lindo!

**Soluciones:** Falso, Falso, están en el bosque, Falso, Falso, es Bulbasaur, Verdadero, Verdadero, Adivinanza n.º 1: Inkay, Adivinanza n.º 2: Klefki, Adivinanza n.º 3: Pancham.

# ⦿ DEL MÁS PEQUEÑO AL MÁS GRANDE

Pikachu mide 0,4 m. Ordena los siguientes Pokémon del más pequeño al más grande. ¿Cuáles de ellos son más pequeños que Pikachu?

**Eevee**

**Dedenne**

| Pokémon | Altura |
|---------|--------|
| Pikachu | 0,4 m |
| Eevee | 0,3 m |
| Vaporeon | 1 m |
| Rayquaza | 7 m |
| Flareon | 0,9 m |
| Sylveon | 1,5 m |
| Dedenne | 0,2 m |

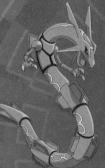

**Rayquaza**

**Pikachu**

**Vaporeon**

**Flareon**

**Sylveon**

**Vaporeon**

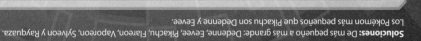

**Soluciones:** De más pequeño a más grande: Dedenne, Eevee, Pikachu, Flareon, Vaporeon, Sylveon y Rayquaza.
Los Pokémon más pequeños que Pikachu son Dedenne y Eevee.

## SOLO EN EL MUNDO

Todos los Pokémon están duplicados salvo uno. ¡Date prisa y encuéntralo!

DIBUJA AQUÍ EL POKÉMON QUE FALTA:

**Solución:** El Pokémon que solo aparece una vez es Espeon.

**Solución** en la página 31.

## ⊙ ¡JUGUEMOS A LAS ESCONDIDAS!

Pikachu se ha vuelto a encontrar con sus amigos, pero hay algunos que están muy bien escondidos. ¡Fíjate bien e intenta completar estos retos!

RETO 1: Para empezar, encuentra a Xerneas.

RETO 2: Encuentra la evolución de Jigglypuff en la ilustración.

RETO 3: Falta una de las evoluciones de Eevee, ¿sabrías decir cuál es?

RETO 4: ¿Cuál de las evoluciones de Eevee suele recuperar fuerzas tomando el sol?

Solución: en la página 31.

# SOLUCIÓN DE LAS IMÁGENES

2: Wigglytuff
3: Falta Glaceon
4: Leafeon

1: Xerneas

PÁGINA 30

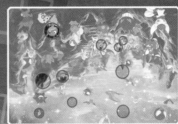

PÁGINA 29

PÁGINAS 18-19

PÁGINAS 16-17

PÁGINAS 14-15

PÁGINAS 12-13

PÁGINAS 10-11

PÁGINAS 8-9

PÁGINAS 6-7

PÁGINAS 4-5

Pokémon · Reto máximo